BEI GRIN MACHT SICH IHR WISSEN BEZAHLT

- Wir veröffentlichen Ihre Hausarbeit, Bachelor- und Masterarbeit

- Ihr eigenes eBook und Buch - weltweit in allen wichtigen Shops

- Verdienen Sie an jedem Verkauf

Jetzt bei www.GRIN.com hochladen und kostenlos publizieren

Bibliografische Information der Deutschen Nationalbibliothek:

Die Deutsche Bibliothek verzeichnet diese Publikation in der Deutschen National-
bibliografie; detaillierte bibliografische Daten sind im Internet über http://dnb.d-
nb.de/ abrufbar.

Impressum:

Copyright © 2016 GRIN Verlag, Open Publishing GmbH
Druck und Bindung: Books on Demand GmbH, Norderstedt Germany
ISBN: 9783668366282

Dieses Buch bei GRIN:

http://www.grin.com/de/e-book/347023/verbesserung-der-usability-einer-software-
durch-eine-simulationsphase-vor

Emanuel Ibing

Verbesserung der Usability einer Software durch eine Simulationsphase vor der Markteinführung

GRIN Verlag

GRIN - Your knowledge has value

Der GRIN Verlag publiziert seit 1998 wissenschaftliche Arbeiten von Studenten, Hochschullehrern und anderen Akademikern als eBook und gedrucktes Buch. Die Verlagswebsite www.grin.com ist die ideale Plattform zur Veröffentlichung von Hausarbeiten, Abschlussarbeiten, wissenschaftlichen Aufsätzen, Dissertationen und Fachbüchern.

Besuchen Sie uns im Internet:

http://www.grin.com/

http://www.facebook.com/grincom

http://www.twitter.com/grin_com

Emanuel Ibing

Verbesserung der Usability einer Software durch eine Simulationsphase vor der Markteinführung

Inhaltsverzeichnis

Abbildungsverzeichnis

Tabellenverzeichnis

1.

Einleitung

Der Softwaremarkt erfährt seit Jahren ein kontinuierliches Wachstum. Der weltweite Umsatz entwickelte sich dabei von 544 Mrd. Euro im Jahr 2005 auf 992 Mrd. Euro im Jahr 2015.[1] Diese Entwicklung birgt ein enormes Potenzial für alle Softwareunternehmen. Um dieses Potenzial effektiv nutzen zu können, muss eine professionelle und strategische Vermarktung der entwickelten Produkte erfolgen. *„Neue Technologie allein ist noch kein neuer Umsatz."* Dieses Zitat von Martin Enderle – dem CEO von ImmobilienScout24 – zeigt, dass die Entwicklung einer Technologie allein keinen Umsatz garantiert. So würde beispielsweise auch die beste Software keinen Anklang finden, wenn sie so gestaltet wäre, dass sie keiner oder nur wenige Leute voll nutzen könnten. Jakob NIELSEN (2000, S. 14) brachte dies mit den folgenden Worten auf den Punkt *„Bad Usability equals no customers!"*. Ein Beispiel für den Wettbewerbsvorteil, welcher durch eine hohe Usability erreicht werden kann, stellt das iPhone dar. Dieses hob sich durch eine hohe Usability von der Konkurrenz ab, was das Unternehmen Apple zum Marktführer der Smartphone-Branche machte.

In diesem Assignment soll anhand eines Szenarios die Thematik Usability unter Berücksichtigung der Methoden des wissenschaftlichen Arbeitens untersucht werden. Es wird dabei von folgender Situation ausgegangen: Ein Softwareunternehmen steckt mitten in der Entwicklung einer neuen Software und möchte vor der Markteinführung eine Simulationsphase starten, um den Markterfolg des Produktes abschätzen zu können und gegebenenfalls noch Änderungen hinsichtlich der Usability vornehmen zu können.

Ziel dieser Arbeit ist es – im Rahmen des oben genannten Szenarios – folgende Frage zu beantworten: Wie soll dieses empirische Forschungsprojekt unter besonderer Berücksichtigung des Forschungsdesigns sowie der Forschungsdurchführung aufgesetzt werden?

---

[1] Vgl. STATISTA (2016).

Um diese Fragen zweckmäßig beantworten zu können, werden zunächst im zweiten Kapitel die Begriffe Usability Engineering, empirisches Forschungsprojekt, Forschungsdesign und Forschungsdurchführung definiert, mit dem Ziel, ein einheitliches Verständnis über diese Begriffe zu erlangen. Im dritten Kapitel wird eine sinnvolle Vorgehensweise für das vorgegebene Szenario ermittelt. Abschließend wird im letzten Kapitel ein Fazit gezogen sowie eine kritische Würdigung vorgenommen. Diese Arbeit soll die angesprochenen Thematiken dabei nicht vollständig abbilden, sondern lediglich die zuvor definierte Frage zweckmäßig beantworten.

2.
Begriffsdefinitionen
2.1.
Usability Engineering

„Alles sollte so einfach wie möglich gemacht werden, aber nicht einfacher." Dieses Zitat von Albert Einstein beschreibt sehr gut die Maxime des Usability Engineering. Aber was verbirgt sich eigentlich genau hinter dem Begriff Usability? Offenkundig handelt es sich um einen englischen Begriff, welcher das OXFORD DICTIONARY (2016) wie folgt definiert: *„The degree to which something is able or fit to be used."* Es beschreibt also das Ausmaß, welches mindestens vorhanden sein muss oder spezifisch erweitert wurde, um etwas nutzbar zu machen. Eine weniger abstrakte Definition findet man in der ISO-Norm 9241-11:

*„Usability ist das Ausmaß, in dem ein **Produkt** durch bestimmte **Benutzer** in einem bestimmten **Nutzungskontext** genutzt werden kann, um bestimmte **Ziele effektiv, effizient und zufriedenstellend zu erreichen."*

Die ISO Norm 9241-11 präzisiert hier also die betroffene Person bzw. Personengruppe als Benutzter, welche in einem bestimmten Nutzungskontext zu einem Produkt – in unserem Fall einer Software – steht (siehe hierzu Abbildung 1).

Abbildung 1: Zusammenhang zwischen Produkt und Benutzer in dem Begriff Usability[2]

Die Einflussgrößen, welche zur Bewertung der Usability führen, sind dabei die Effektivität, die Effizienz sowie die Zufriedenheit. Hat also ein Produkt eine hohe Usability, ist es einfach für den Benutzer mit dem Produkt zu interagieren. Kann man mit dem Produkt hingegen nur schlecht interagieren, lässt sich dies auf eine schlechte Usability zurückführen. Verallgemeinert kann man die Usability als ein Qualitätsmerkmal eines Produktes betrachten. Im deutschen Sprachgebrauch häufig verwendete Synonyme sind u. a. Benutzerfreundlichkeit, Verwendbarkeit, Nutzbarkeit und Gebrauchstauglichkeit.

Im Kontext von interaktiven technischen Systemen – wie es bei Software der Fall ist – spricht man von Usability Engineering. Ihre Aufgabe ist es unnötige Komplexität zu vermeiden und somit die Funktionalität eines Produktes für den Benutzer auf ein ideales Minimum zu reduzieren. Symptome, welche aus einer zu geringen Software-Usability entstehen können sind: [3]

- Ein höherer Zeitaufwand

- Ein höherer Schulungsaufwand

- Eine geringere Arbeitsqualität

- Prozessvorgaben werden ignoriert

- Datenverluste und evtl. kommerzielle Schäden

- Verminderung der Kundenzufriedenheit

---

[2] Eigene Darstellung in Anlehnung an die Definition der ISO Norm 9241-11
[3] Vgl. RICHTER/ FLÜCKIGER (2013), S.7ff.

2.2.

Empirisches Forschungsprojekt

Der Begriff „empirisch" kann mit den Begriffen „Beobachtung" und „Erfahrung sammeln" beschrieben werden. Das empirische Forschungsprojekt hat damit also zum Ziel, Beobachtungen und Erfahrungswerte zu sammeln. Sie werden anschließend zu Erkenntnissen verarbeitet.[4] Diese Erkenntnisse dienen als Grundlage zur Bildung von Hypothesen. Da die gesammelten Erfahrungswerte jedoch nicht frei von subjektiven Einflussfaktoren sind, stehen die Forscher in der Verantwortung diese subjektiven Einflüsse aus den Forschungsergebnissen zu filtern, um möglichst reine Erkenntnisse abzubilden. Dazu werden die aufgestellten Hypothesen auf ihre Plausibilität hin überprüft. Kann man sie widerlegen müssen sie umformuliert werden, kann man sie jedoch bestätigen, werden im nächsten Schritt die Prüfungskriterien weiter verschärft und der Untersuchungsablauf wiederholt. Dieser kritische Umgang mit den gesammelten Erfahrungswerten führt zu einer präziseren Erkenntnis und steigert damit deren Aussagequalität.[5]

Der allgemeine Projektbegriff ist von der DIN 69901 wie folgt definiert: *"Vorhaben, das im Wesentlichen durch die Einmaligkeit der Bedingungen in ihrer Gesamtheit gekennzeichnet ist, wie z.B. Zielvorgabe, zeitliche, finanzielle, personelle und andere Begrenzungen; Abgrenzung gegenüber anderen Vorhaben; projektspezifische Organisation."* Ein Projekt definiert sich also aus der Einmaligkeit des Vorhabens. Es wird getrennt von den regelmäßig anfallenden Arbeiten einer Organisation betrachtet und unterliegt dabei einer klaren Ressourcenbegrenzung. Forschungsprojekte sind definiert als befristete Vorhaben eines oder mehrerer Wissenschaftler, eines Instituts oder einer wissenschaftlichen Gesellschaft, mit dem Ziel, neue Erkenntnisse zu gewinnen. Auch Forschungsprojekte unterliegen dabei den oben genannten Kriterien eines Projektes. Es sind ebenfalls einmalige Vorhaben, welche gesondert von regelmäßigen Aufgaben der auftragsgebenden Organisation behandelt werden und dabei einer klaren Ressourcenbegrenzung unterliegen. Das Ziel ist dabei immer die Gewinnung neuer Erkenntnisse, daher werden sie lediglich von Wissenschaftlern und wissenschaftlichen Institutionen durchgeführt, um eine möglichst hohe Aussagequalität der Erkenntnisse zu gewährleisten. Bei empirischen Forschungspro-

---

[4] Vgl. EBSTER/ STALZER (2008), S. 138.
[5] Vgl. KROMREY (2009), S. 33.

jekten gibt es keine standardisierten Verfahren – Ausnahmen bilden hierbei lediglich regelmäßig wiederkehrende Markt- und Meinungsforschungen – wodurch die Forscher gezwungen
sind, sich intensiv mit dem Forschungsdesign sowie der -durchführung auseinanderzusetzen.[6]
Daher werden in den folgenden Unterpunkten die Begriffe Forschungsdesign sowie -
durchführung näher erläutert.

2.2.1.
Forschungsdesign

Das Forschungsdesign bietet die Grundlage jeder wissenschaftlichen Untersuchung, weshalb sie
bereits in der ersten Phase – der Forschungsplanung – festgelegt wird. Das Forschungsdesign
kann als Plan für die Sammlung und Analyse jener Daten gesehen werden, die es den Forschern
erlaubt, Antworten auf die von ihnen gestellten Fragen zu erhalten.[7] Es beschreibt also die
grundlegende Art und Weise wie eine empirische Fragestellung untersucht werden soll. Ziel ist
es das Forschungsdesign so zu gestalten, dass möglichst alle irrrelevanten Einflussfaktoren aus-
geschlossen werden.[8] Anhand welcher Kriterien das Forschungsdesign ermittelt wird, zeigt die
folgende Abbildung:

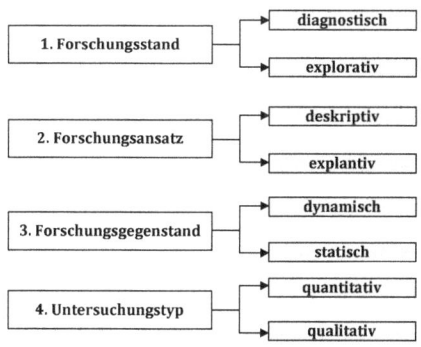

Abbildung 2: Ermittlung des Forschungsdesigns[9]

---

[6] Vgl. KROMREY (2009), S.67.
[7] Vgl. FLICK (2007), S. 252.
[8] Vgl. SCHNELL et al. (2011), S. 201.
[9] Eigene Darstellung

Zunächst muss dazu der **Forschungsstand** des geplanten Forschungsprojektes geklärt sein, dabei kann die Art der Forschung entweder diagnostisch oder explorativ erfolgen. Ein entscheidender Faktor für die Selektion ist die „Höhe" des aktuellen Forschungsstandes. Besteht ein „geringer" Forschungsstand – ist ein Gebiet also nur wenig oder gar nicht erforscht – so muss eine Exploration erfolgen. Diese Form konzentriert sich auf die (Neu-)Erkundung eines Themengebietes und kann als Grundlagenforschung angesehen werden. Besteht bereits ein „hoher" Forschungsstand erfolgt eine sog. Diagnose, welche sich auf bereits ermittelte empirische Sachverhalte stützt und das vorhandene Wissen in eine bestimmte Richtung erweitert. Im nächsten Schritt wird der **Forschungsansatz** definiert, welcher entweder „deskriptiv" oder „explanativ" gestaltet sein kann. Der deskriptive Ansatz fokussiert dabei die Beschreibung einer These oder deren Überprüfung. Beim explanativen Ansatz werden hingegen mehrere Hypothesen über denselben Gegenstand gegenübergestellt, um zu prüfen, welche von ihnen tatsächlich zutrifft. Anschließend muss der **Forschungsgegenstand** auf seine Betrachtungsweise hin untersucht werden, welche sich entweder dynamisch oder statisch gestalten kann. Bei der dynamischen Betrachtung erfolgt die Beobachtung des Forschungsgegenstandes über einen längeren Zeitraum, bei der statischen zu einem bestimmten Zeitpunkt. Abschließend erfolgt die Wahl des **Untersuchungstyps**. Hierbei sind grundsätzlich zwei verschiedene Ansätze möglich. Zum einen der qualitative und zum anderen der quantitative Ansatz. Quantitative Untersuchungen stützen sich dabei auf eine breite Datenerhebung, welche mittels mathematisch-statistischer Methoden ausgewertet werden. Bei der qualitativen Methode wird auf diese Auswertung verzichtet. Man fokussiert sich hier auf eine deutlich geringere Probandenanzahl und ermittelt die Daten verbal. Grundformen qualitativer Methoden sind beispielsweise teilnehmende Beobachtungen sowie Gespräche. Auch wenn beide Ansätze zunächst verschieden erscheinen, schließen sich beide Methoden grundsätzlich nicht aus.

2.2.2.

Forschungsdurchführung

Nach der Ermittlung des passenden Forschungsdesigns kann in die empirische Phase – also in die der Forschungsdurchführung – gewechselt werden. Bei der Datenerhebung können folgende drei empirischen Methoden zum Einsatz kommen: **Beobachtung, Befragung** und **empirische Inhaltsanalyse.**

Eine **Beobachtung** erfolgt in der empirischen Wissenschaft, aufgrund der hohen wissenschaftlichen Ansprüche, stets strukturiert. Die in der Planungsphase festgelegte Beobachtungsart dient dabei als Grundlage. Folgende vier – für unser Szenario relevante – Fragen müssen allerdings noch vor der Beobachtung geklärt werden:[10]

1. Soll der Beobachtete wissen, dass er beobachtet wird?
2. Soll der Beobachter aktiv in die Beobachtung mit eingebunden werden?
3. Soll die Beobachtung nach einem bestimmten Schema erfolgen?
4. Soll die Beobachtung in einer natürlichen Situation stattfinden?

Weiß der Beobachtete von der Beobachtung so spricht man von einer offenen-, wenn nicht von einer verdeckten Beobachtung. Wird der Beobachter aktiv mit eingebunden, spricht man von einer teilnehmenden-, wenn nicht von einer nicht-teilnehmenden Beobachtung. Wenn ein bestimmtes Schema angewendet wird, spricht man von einer systematischen- wenn nicht von einer unsystematischen Beobachtung. Ebenso differenziert man eine natürliche- und künstliche Beobachtungssituation. Da sich alle Varianten kombinieren lassen, erhält man 16 unterschiedliche Beobachtungsmöglichkeiten, wie die folgende Tabelle zeigt:

		nichtteilnehmend		teilnehmend	
		verdeckt	offen	verdeckt	offen
natürlich	systematisch	1	2	3	4
	unsystematisch	5	6	7	8
unnatürlich	systematisch	9	10	11	12
	unsystematisch	13	14	15	16

Tabelle 1: Relevante Beobachtungsarten der Forschungsdurchführung[11]

---

[10] Vgl. FRIEDRICHS (1982), S. 272f.
[11] Darstellung in Anlehnung an KROMREY (2009), S. 239.

Nach der Bestimmung der passenden Beobachtungsart muss der Beobachtungsfokus festgelegt werden. Hier gilt es den Beobachtungsgegenstand exakt festzulegen, um so irrelevante Aspekte gezielt auszuschließen. Um dies zu ermöglichen, empfiehlt es sich Kategorien zu bilden, welche den Ablauf und Umfang der Beobachtung festlegen. Dies begünstigt zudem die Möglichkeit einer klaren Dokumentation, weswegen das Kategoriensystem auch zu den wichtigsten Bestandteilen der wissenschaftlichen Betrachtung gezählt wird.[12]

Die **Befragung** lässt sich unterteilen in mündliche und schriftliche Befragungen. Eine mündliche Befragung stellt ein Interview dar. Hier wird versucht, durch einen strukturierten wissenschaftlichen Ablauf gezielt Informationen zu gewinnen.[13] Die Interviews können dabei einen unterschiedlich hohen Strukturierungsgrad aufweisen. Hier gilt, je höher der Strukturierungsgrad umso mehr wird das Gespräch von dem Interviewer geführt, was sich i. d. R. bei Probanden mit geringer Fachkompetenz empfiehlt. Im Gegenzug empfiehlt sich ein niedriger Strukturierungsgrad bei Probanden mit hoher Fachkompetenz, man spricht in dem Fall auch von Experteninterviews.[14] Fragebogen werden dagegen schriftlich oder digital zur Verfügung gestellt. Hier ist besonders die Gestaltung der einzelnen Fragen sowie des Gesamtlayout des Fragebogens entscheidend, damit Missdeutungen vermieden werden. Ebenso sollte die Länge des Fragebogens nicht überdimensioniert sein. Ein zu hoher Aufwand wirkt sich sonst negativ auf die Qualität der erhobenen Daten aus.

Die **empirische Inhaltsanalyse** fokussiert sich auf die Analyse von Datenträgern, deren Aussage in verbaler Form vorliegt. Hierzu werden systematisch Kategorien gebildet und Textindikatoren erstellt. Die Literaturauswahl wird nach bestimmten Kriterien festgelegt und aus der Forschungsproblematik heraus begründet. Die Erkenntnisse der empirischen Inhaltsanalyse müssen dabei stets nachvollziehbar gestaltet sein, hier ist vor allem die Selbstkontrolle der Forschenden ausschlaggebend für die Qualität der erhobenen Daten.

---

[12] Vgl. SCHNELL et al. (2011), S. 381ff.
[13] Vgl. SCHEUCH (1973), S. 71.
[14] Vgl. SCHNELL et al. (2011), S. 315f.

3.

Szenario: Software-Simulationsphase

Szenario: Ein Software-Unternehmen steckt mitten in der Entwicklung einer neuen Software und möchte vor der Markteinführung eine Simulationsphase starten, um den Markterfolg des Produktes abschätzen zu können und gegebenenfalls noch Änderungen hinsichtlich der Usability vornehmen zu können.

Nachfolgend wird der Ablauf der Untersuchung nach wissenschaftlichen Gesichtspunkten zusammengefasst. Schwerpunkte sind Forschungsdesign und Forschungsdurchführung. Das **Forschungsdesign** gestaltet sich dabei wie folgt:

1. Forschungsgegenstand: Der Bereich Software-Usability ist keinesfalls unerforscht. es bietet sich also die Möglichkeit auf bereits getätigte Forschungsergebnisse zurückzugreifen. Hierbei handelt es sich also um einen diagnostischen Ansatz.

2. Forschungsansatz: In der Aufgabenstellung wird gefordert die Usability einer Software zu testen, dies soll hier näher beschrieben und optimiert werden. Daher handelt es sich um einen deskriptiven Ansatz.

3. Forschungsgegenstand: Der Forschungsgegenstand ist die Usability der Software, in unserem Fall ist es nicht ersichtlich, ob diese lediglich zu einem Zeitpunkt oder doch über einen längeren Zeitraum erfolgen soll. Entscheidend für die Wahl ist dabei die verbleibende Zeit, welche dem Forschungsprojekt zugrunde liegt. Generell kann sowohl die statische als auch dynamische Methode genutzt werden.

4. Untersuchungstyp: Auch hier kann keine eindeutige Aussage getroffen werden, da die Software von vielen Usern genutzt werden soll erscheint die quantitative Methode sinnvoll, allerdings kann hier auch auf Softwareexperten zurückgegriffen werden, was wiederum für die qualitative Methode sprechen würde.

Das Forschungsdesign gestaltet sich also diagnostisch und weist einen deskriptiven Ansatz auf. Das vorliegende Szenario ist allerdings zu abstrakt gestaltet, als dass man eine klare Handlungsempfehlung über die Wahl des Forschungsgegenstandes sowie des Untersuchungstyps treffen könnte.

Für die **Forschungsdurchführung** empfiehlt sich in den vorgegebenen Fall eine Beobachtung in Form eines Benutzertests. Jakob NIELSEN (1993, S. 165.) bringt die Bedeutung von Nutzertest bei der Überprüfung der Usability mit der folgenden Aussage auf den Punkt: *„User testing with real users is the most fundamental usability method [...]"*.

Nachdem die Wahl der empirischen Methode zunächst abgeschlossen wurde, muss nun geklärt werden, wie die Beobachtung gestaltet sein soll. Da die Software noch nicht auf dem Markt erschienen ist, scheidet die Möglichkeit aus diese in ihrer alltäglichen Anwendung zu beobachten, weshalb die Beobachtung nur in einer unnatürlichen (künstlichen) Testumgebung erfolgen kann. Der Beobachter muss bei dem Test der Software nicht aktiv eingebunden werden, weshalb sich hier eine nicht teilnehmende Beobachtung empfiehlt. Eine verdeckte Beobachtung erscheint nicht sinnvoll, weswegen eine offene Beobachtung stattfinden kann. Die Frage ob eine bestimmte Systematik verfolgt werden sollte bleibt allerdings offen. Einerseits könnte eine vorgegebene Systematik den Probanden einen klaren Rahmen für den Nutzungstest geben, andererseits würde dies die Interaktion zwischen Proband und Software einschränken. Die Folge wäre, dass die Probanden identische Usability-Fehler erkennen würden. Bei einer agileren Methode könnte hier wahrscheinlich eine höhere Fehlerbreite erfasst werden. Die Frage ob systematisch oder unsystematisches vorgegangen werden sollte ist dabei auch abhängig von der Komplexität der zu überprüfenden Software. Da diese jedoch nicht näher definiert ist, kann hier keine klare Empfehlung ausgesprochen werden. Zusammengefasst kann man sagen, dass sich in dem vorgegebenen Szenario eine unnatürliche, nicht teilnehmende und offene Beobachtung empfiehlt. Die Frage ob diese systematisch oder unsystematisch erfolgen soll bleibt allerdings offen. Möglich wären also die Varianten 10 und 14 der in Tabelle 1 abgebildeten Darstellung (siehe hierzu S. 7).

Um auch die subjektiven Eindrücke der Probanden effektiv zu erfassen, empfiehlt sich nach dem Softwaretest noch eine weitere empirische Methode anzuwenden, und zwar die Befragung.[15] Empfehlenswert wäre in unserem Fall das Interview, da hier der Informationsaustausch deutlich dynamischer ist als bei einem Fragebogen. Der Strukturierungsgrad des Interviews muss dabei an die Fachkompetenz der jeweiligen Probanden angepasst werden. Empfehlenswert wäre hier ein Leitfadengespräch oder ein Experteninterview um den Probanden den nötigen Freiraum zu gewährleisten, um eigene Kritik und Ideen zu äußern.

Die Auswahl der Probanden sollte dabei auch kontextabhängig gesehen werden, so würde der Umgang für eine hochspezialisierte CAD-Software beispielsweise irrelevant für branchenfremde Nutzer sein. Man sollte die Wahl der Probanden also auf die Zielgruppe der entsprechenden Software eingrenzen. Die Software selbst sollte den Probanden unbekannt sein, um eine Unbefangenheit gegenüber der Software zu gewährleisten. Es wäre also nicht ratsam die Softwareingenieure als Probanden zu rekrutieren, da hier eine Voreingenommenheit bestehen könnte und der Fokus deswegen evtl. nicht auf der Usability der Software liegen könnte.

---

[15] Vgl. MAYRING (2002), S. 66.

4.

Fazit und kritische Würdigung

In diesem Assignment sollte die Frage beantwortet werden, wie ein Forschungsprojekt unter spezieller Berücksichtigung des Forschungsdesigns und der -durchführung in Bezug auf einen Software-Usability-Test gestaltet werden sollte. Dazu wurden zunächst im zweiten Kapitel die Begriffe Usability Engineering, empirisches Forschungsprojekt, Forschungsdesign und Forschungsdurchführung ausreichend definiert. Im dritten Kapitel konnte nachvollziehbar die Wahl des passenden Forschungsdesigns sowie der -durchführung aufgezeigt werden. Hierbei stellte sich heraus, dass das Forschungsdesign einen diagnostischen und deskriptiven Ansatz aufweisen sollte. Die Frage, ob der Forschungsgegenstand statisch oder dynamisch ausfällt bleibt allerdings genauso offen, wie die Frage ob der Untersuchungstyp qualitativ oder quantitativ gestaltet sein sollte. Für die Forschungsdurchführung wurden gleich zwei empirische Methoden ausgewählt. Die Erste umfasst einen Softwaretest, welcher unter künstlichen Bedingungen, offen und nicht teilnehmend durchgeführt werden sollte. Die Frage ob und wie stark dabei eine Systematisierung des Tests erfolgen sollte, bleibt allerdings ungeklärt. Die zweite empirische Methode stellt ein Interview dar, welches keinen allzu hohen Strukturierungsgrad aufweisen sollte um Ideen und Kritiken der Probanden zu dokumentieren und damit auch subjektive Daten zu erfassen.

Abschließend muss festgestellt werden, dass anhand des Szenarios keine eindeutige Aussage darüber getroffen werden konnte, wie genau ein Forschungsprojekt mit dem Ziel der Usabilityoptimierung gestaltet sein muss. In der Einleitung wurde jedoch dargestellt, wie wichtig Usability-Tests für die Softwareunternehmen sind und welche Umsatzpotenziale sich hinter ihnen verbergen. Des Weiteren konnte eine nachvollziehbare Einführung in die wissenschaftliche Vorgehensweise von empirischen Forschungsprojekten gegeben werden.

Literaturverzeichnis

EBSTER/ STALZER (2008)
Ebster, C.; Stalzer, L.: Wissenschaftliches Arbeiten für Wirtschafts- und Sozialwissenschaftler, 3.Auflage, Wien 2008.

FLICK (2007)
Flick, U.: Qualitative Sozialforschung: Eine Einführung, 6. Auflage, Reinbek: Rowohlt 2007.

FRIEDRICHS (1982)
Freidrichs, J.: Methoden der empirischen Sozialforschung, 10. Auflage, Opladen 1982.

KROMREY (2009)
Kromrey, H.: Empirische Sozialforschung: Modelle und Methoden der standardisierten Datenerhebung und Datenauswertung, 12. Auflage, Stuttgart 2009.

NIELSEN (1993)
Nielsen, J.: Usability Engineering, San Diego 1993.

MAYRING (2002)
Mayring, P.: Einführung in die qualitative Sozialforschung: Eine Anleitung zu qualitativem Denken, 5. Auflage, Weinheim 2002.

OXFORD DICTIONARY (2016)
Oxford Dictionary (Hrsg.): Definition of usability in English, Online im Internet, URL: <https://en.oxforddictionaries.com/definition/usability> Abruf 15.10.2016.

RICHTER/ FLÜCKIGER (2013)
Richter, M.; Flückiger, M.D.: Usability Engineering kompakt: Benutzbare Produkte gezielt entwickeln, 3. Auflage, Berlin-Heidelberg 2013.

SCHEUCH (1973)
Scheuch, E.: Grundlegende Methoden und Techniken der empirischen Sozialforschung, München 1973.

SCHNELL et al. (2011)
Schnell, R.; Hill, P.; Esser, E.: Methoden der empirischen Sozialforschung, 9. Auflage, München 2011.

STATISTA (2016)
STATISTA (Hrsg.): Umsatz im Markt für Software und IT-Services weltweit von 2005 bis 2019 (in Milliarden Euro), Online im Internet, URL: <https://de.statista.com/statistik/daten/studie/15 9325/umfrage/weltweiter-umsatz-mit-software-und-it-services-seit-2005/> Abruf 15.10.2016.